OBSERVATIONS

sur les Lois

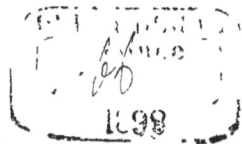

RELATIVES AUX ELECTIONS

DES

TRIBUNAUX DE COMMERCE

ET DES

CHAMBRES DE COMMERCE

PAR TH. STERN

—————

> «La formation de la liste des nota-
> bles blesse le sentiment du droit elle
> est contraire au principe électif, base
> de nos institutions actuelles, elle
> met entre les mains d'un petit nombre
> de commerçants le privilège exor-
> bitant d'instituer les juges de tous.»
>
> A. THIERS

1898

Imprimerie Rapide — Noé Marbeuf.

63, Rue des Remparts, 63

BORDEAUX

OBSERVATIONS

sur les Lois

RELATIVES AUX ELECTIONS

DES

TRIBUNAUX DE COMMERCE

ET DES

CHAMBRES DE COMMERCE

PAR TH. STERN

————•◦•———

«La formation de la liste des notables blesse le sentiment du droit elle
est contraire au principe électif, base
de nos institutions actuelles, elle
met entre les mains d'un petit nombre
de commerçants le privilège exor-
bitant d'instituer les juges de tous.»

A. THIERS

1898

Imprimerie Rapide — Noé Marbeuf.

63, Rue des Remparts, 63

BORDEAUX

RÉSULTAT DES ÉLECTIONS

au Tribunal de Commerce

DÉPARTEMENT DE LA GIRONDE

pour **1897-1898**

Arrond^{ts}	Commerçants Patentés	Maximum des Votants
Bordeaux	31398	420
Bazas	2046	Pas de Tribunal
Blaye	2527	112
Lesparre	2473	Pas de Tribunal
Libourne	5325	155
La Réole	2164	Pas de Tribunal
	45933	697

Les juges ayant été élus à Bordeaux l'ont été par 420 voix sur
31,398 Commerçants patentés.

RÉSULTAT DES ÉLECTIONS

à la Chambre de Commerce

DÉPARTEMENT DE LA GIRONDE

pour **1897-1898**

Arrond[ts]	Commerçants Patentés	Notables Commerç[ts]	Maximum des Votants
Bordeaux	31398	1059	341
Bazas	2046	210	25
Blaye	2527	209	44
Lesparre	2473	239	16
Libourne	5325	327	65
La Réole	2164	214	28
	45933	2318	520

La Chambre de Commerce du Département de la Gironde a été élue par **520** voix sur **45933** commerçants patentés dont 2318 seulement, appelés

Notables Commerçants

jugés dignes de voter!

OBSERVATIONS

SUR

LES LOIS

RELATIVES AUX ÉLECTIONS

DES

Tribunaux de Commerce

ET DES

Chambres de Commerce

PAR TH. STERN

———————•••———————

Lequel d'entre nous, Messieurs, n'est pas frappé par les résultats des élections consulaires dans toute la France, mais notamment à Bordeaux, où sur **31398** électeurs inscrits, ·commerçants patentés, le tribunal de commerce actuellement composé de 14 membres, a été élu par **420** voix, c'est-à-dire par le $1/74^{me}$ du corps électoral. Dans l'arrondissement de Blaye, par exemple, sur **2527** électeurs inscrits, les membres de ce tribunal ont été élus par **112 voix,** soit par le $1/22^{me}$ des électeurs. Je pourrai vous citer ainsi les résultats des élections consulaires dans la France entière, vous les connaissez par la voix de la Presse, je n'insiste donc pas.

Quelle force morale peuvent avoir des magistrats élus dans ces conditions pour rendre des jugements d'où dépendent l'honneur ou la ruine d'une maison de commerce? Souvent même pour se prononcer dans des litiges ou plusieurs millions sont en jeu?

Ce sont ces réflexions qui m'ont suggéré la pensée qu'il y avait quelque chose à tenter pour remédier à un état de choses aussi fâcheux et qui présente autant d'inconvénients graves. C'est là-dessus, Messieurs, que je cherche à attirer votre attention qui, j'en suis sûr est d'avance acquise à tout progrès, et quel progrès plus important que celui qui consiste à donner une force morale plus grande à des hommes chargés de rendre la justice, à se faire les arbitres des justiciables de tout le monde, mais en particulier du Commerce et de l'Industrie, ces grandes branches de l'activité humaine, par lesquelles un peuple reste grand, fort et riche.

Ce que je viens d'avoir l'honnenr de vous dire touchant les Tribunaux de Commerce s'applique aussi aux Chambres de Commerce, dont je m'occuperai tout-à-l'heure, car les deux questions sont connexes.

A quelles raisons faut-il attribuer l'abstention en quelque sorte systématique du corps électoral consulaire ?

A plusieurs, dont la première et la principale, est le manque de concurrence de candidats, ce qui fait dire aux électeurs; pourquoi se déranger? La liste unique passera toujours! Et voilà pourquoi, ce n'est pas le corps électoral qui élit nos juges consulaires, mais bien, **le comité des anciens juges seul**.

Ici une remarque s'impose! On vient nous dire: « Mais ce n'est pas la faute du Comité des Anciens Juges s'il n'y a pas plusieurs listes, c'est la faute du corps électoral qui se désintéresse de la question en ne faisant pas surgir des candidatures. » Cette remarque pourrait paraître juste " à priori ", en théorie, mais dans la pratique, n'avons-nous pas vu les

Anciens Juges du tribunal de Limoges, en Décembre dernier, donner leur démission collective parce que le corps électoral consulaire de cette ville avait osé présenter quelques candidats, qu'il ne convenait pas au Comité des anciens juges d'agréer! Cet exemple d'intransigeance ne se généraliserait-il pas? Pour ma part, je le crains.

Un deuxième motif d'abstention n'est-il pas dans la composition des membres des tribunaux, je ne parle pas de leur honorabilité, laquelle n'est pas en cause, mais je veux parler de leur profession, de leur état, ou de leur genre de commerce. En effet, que voyons-nous en tant que professions représentées dans notre tribunal de Commerce de Bordeaux? Sur 14 juges, il y a 10 Négociants en vins, 1 négociant en droguerie, 1 négociant en bois du Nord et 2 négociants en fers. Devant cette nomenclature, comment ne pas admettre le raisonnement du corps électoral, se disant : « Nous ne sommes pas représentés, et la justice rendue dans ces conditions ne saurait être que mal rendue, par des juges pleins de bon vouloir probablement, mais ne pouvant pas posséder la compétence voulue pour juger des affaires multiples qui se présentent tous les jours devant les tribunaux de Commerce ! »

Comment par exemple, des Négociants en vins, en droguerie, en bois ou en fers, pourraient-ils connaître utilement des contestations entre toutes les corporations ou corps d'états ou de métiers et leurs fournisseurs, entre architectes et entrepreneurs, entre Minotiers et Boulangers, entre Constructeurs de machines et usiniers, etc, etc.. en un mot entre tout ce qui constitue l'activité commerciale, industrielle ou maritime d'une grande cité comme Bordeaux.

Et enfin dit la majorité des Commerçants patentés,
c'est-à-dire électeurs actuellement des tribunaux de
Commerce! Que voyons-nous au tribunal de Commerce
de Bordeaux se passer constamment! Un procès y
dure au moins un an, et lorsqu'enfin il est appelé, et
les Avocats ou Agréés entendus, le jugement rendu, la
plupart du temps par le Greffier, et tronqué de telle
sorte que les Avocats et leurs clients n'y trouvent
jamais trace des arguments avec lesquels ils ont
plaidé. Et lorsqu'enfin ce jugement qui ne satisfait
personne est rendu, une des parties veut-elle en lever
une expédition?

Elle est obligée de courir après pendant trois mois
ou plus, selon le bon plaisir du Greffe (ceci est affirmé
par tous les Agréés de Bordeaux,) et si enfin, le plaideur se lasse de réclamer son expédition à son agréé,
il ne lui reste plus qu'à menacer le dit Greffe de lui
envoyer du papier timbré pour en avoir raison.

Je pourrais vous citer ainsi des quantités d'exemples
qui font qu'à la longue, le corps électoral tout entier,
se lasse, et finit, ayant d'autres chats à fouetter, comme
on dit vulgairement, par se désintéresser de tout ce
qui touche aux tribunaux consulaires, et notamment à
leur formation.

Le Remède, me direz-vous, Messieurs, il n'est pas
de plusieurs sortes, il n'y en a qu'un, et c'est parce
qu'il est d'une simplicité absolue, qu'il n'est pas en
vigueur. Il gît dans le suffrage universel, notre maître
à tous. Oui, il faut que le suffrage universel soit appelé
à élire les juges consulaires. Est-ce que tous les
électeurs, à quelque classe de la société qu'ils appar-
tiennent ne sont pas justiciables des tribunaux de
Commerce?

Est-ce que les employés, ouvriers, compagnons,

apprentis, les rentiers eux-mêmes, ne sont pas à de certains moments et pour certaines causes, justiciables des tribunaux de commerce? et les agriculteurs qui vendent presque exclusivement leurs vins, ou leurs récoltes de toute nature à des commerçants?

Enfin tous les non-commerçants dont la signature figurera sur des lettres de change ou billets à ordre, portant en même temps celles de commerçants?

Enfin tout le monde?

Voir code de commerce art. 634 disant: « *Les tribunaux de commerce connaîtront des actions des marchands, contre commis, serviteurs, ouvriers, etc.* »

Loi des Prud'hommes, art. 10:

« *Nul ne sera justiciable des conseils des Prud'hommes s'il n'est marchand, fabricant, chef d'atelier, contre-maître, ouvrier, compagnon ou apprenti. Ceux-ci cesseront d'être justiciables des conseils des Prud'hommes dès que les contestations porteront sur des affaires autres que celles qui sont relatives à la branche d'industrie qu'ils cultivent, et aux conventions dont cette industrie aura été l'objet, dans ce cas, ils s'adresseront aux juges ordinaires.* »

Comme vous le voyez Messieurs, par l'énoncé de ces deux articles de loi en vigueur, tout le monde est justiciable des tribunaux consulaires, par conséquent, pourquoi tous les électeurs, ne seraient-ils pas admis à élire leurs juges naturels?

Afin de bien préciser les questions de compétence des tribunaux de commerce, je suis forcé de vous en donner un exemple frappant:

Voici un employé de commerce d'une maison de droguerie par exemple, qui a une contestation au sujet de ses émoluments avec ses patrons: A quelle juridiction doit-il s'adresser ? Il n'y en a qu'une, le **Tribunal de Commerce**. Et alors que se passe-t-il en l'état actuel de la loi ? C'est que ce plaideur va être jugé **par les pairs de ses patrons**. S'il gagne son procès, rien à dire, il ne se plaindra pas, mais, s'il le perd, ne sera-t-il pas porté (et ceci est bien humain) à récriminer en disant que, s'il a perdu son procès, c'est naturellement parce que, ce sont des patrons qui ont jugé, et des patrons, élus uniquement par des patrons. J'aurais une infinité d'exemples à vous soumettre, Messieurs, mais je trouve celui-là tellement typique que je n'abuserai pas de votre attention à ce sujet.

Cependant il me faut vous citer quelques opinions sur lesquelles je suis heureux de m'appuyer.

L'honorable M. Pouyer-Quertier disait en 1883 au Sénat :

« Vous venez ainsi Messieurs en aide à ce besoin que nous avons tous de combattre l'indifférence qui peut à un moment donné compromettre l'existence des tribunaux de Commerce. »

Et relativement aux chambres de commerce il s'exprimait ainsi :

« Les ouvriers des fabriques et de l'Industrie eux-mêmes, auraient plus d'intérêt à la Solution des questions générales de Commerce et d'industrie, que les petits patentés. »

L'honorable M. Dietz-Monnin Sénateur, Président de la Chambre de Commerce de Paris s'exprimait ainsi le 4 Juillet 1883.

« Si en réponse à l'enquête, la Chambre de Commerce de Paris, s'est prononcée d'une façon aussi énergique pour le suffrage universel, c'est que, ce qui a déterminé jusqu'ici les élections, C'EST LE CHOIX ! Nous demandons que ce soit LE DROIT et nous croyons qu'en généralisant ce droit

nous inciterons au devoir d'aller voter ! J'estime que les personnes qui ont peur du suffrage universel verront dans ce droit généralisé une raison suffisante pour remplir leur devoir d'électeur.

‘Les Tribunaux et les Chambres de Commerce ont une origine commune, celle de défendre les intérêts de nos électeurs, commerçants et industriels. Nous avons fait l'expérience des trois systèmes appliqués aux élections consulaires, à savoir : le suffrage privilégié, le suffrage à deux degrés, et le suffrage universel.

Cette simple expérience n'a modifié à aucun moment les saines traditions de justice, d'indépendance et d'impartialité qui ont amené le tribunal et la Chambre à travers les divers régimes politiques ou électoraux.

Pourquoi dès lors, forts d'un passé que je considère comme une des gloires du commerce parisien, repousserait-on une disposition qui mit fin à une inégalité dans le corps électoral consulaire ! J'entends donc étendre aux électeurs du commerce les principes qui nous régissent au point de vue municipal et politique.»

Un semblant de progrès vient d'être réalisé ces jours-ci. Messieurs, ceci à l'avoir des Chambres actuelles:

Les femmes commerçantes patentées viennent d'être admises au droit de vote pour les tribunaux de commerce.

Mais pourquoi faut-il qu'à côté de ce progrès, il y ait place pour une récrimination, en effet, Messieurs, la loi qui vient de conférer aux femmes commerçantes patentées ce droit de vote, avait été présentée par voie d'amendement par l'Éminent et regretté Emile Fourcand, alors député de la Gironde, le 5 Décembre 1883. Cette amélioration au régime électoral, a donc mis 15 ans à faire son chemin. Pas de commentaires, n'est-ce pas Messieurs, et revenons à la question.

Je crois vous avoir démontré que les employés de commerce étaient justiciables des tribunaux de commerce. Et bien! Messieurs, les ouvriers en sont justiciables aussi, car il n'y a que les ouvriers et patrons appartenant à la même corporation, à une même profession qui soient justiciables des Conseils de Prud'hommes, en effet, si un ouvrier boulanger peut porter sa contestation avec son patron boulanger devant les Prud'hommes, il n'en est pas de même par exemple, entre un ouvrier de chai, tonnelier, avec son patron Négociant en vins, et cela parce qu'aux termes de la loi du 20 Février 1810. Art. 10, en ce cas, ouvrier et patron ne cultivent pas la même branche d'industrie.

N'avez-vous pas aussi été frappé comme moi, de l'exclusion électorale dans laquelle était tenus les anciens commerçants? or, Messieurs, qui pourrait s'occuper avec plus de loisirs et par conséquent de fruit, des affaires publiques que les anciens commerçants retirés des affaires? Qui pourrait juger avec plus d'expérience qu'eux? avec ce sens rassis que donne d'abord l'âge et ensuite l'habitude des affaires? Et pourquoi ne demanderait-on pas à d'anciens magistrats eux-mêmes d'éclairer de leurs lumières les décisions de la justice consulaire?

Ce sont toutes ces réflexions Messieurs, que je prends la liberté de soumettre à vos méditations.

J'en arrive maintenant, Messieurs, à la seconde partie de cette étude, c'est-à-dire à

LA FORMATION DES CHAMBRES DE COMMERCE

Là, les électeurs sont classés de par la loi en vigueur, en *DIGNES & INDIGNES*.

Ne vous récriez pas, Messieurs, car voici l'opinion de Messieurs Thiers et Dufaure:

« **La formation de la liste des notables blesse le sentiment du droit, elle est contraire au principe électif, base de nos institutions actuelles, elle met entre les mains d'un petit nombre de commerçants, le privilège exhorbitant d'instituer les juges de tous.** »

Vous le voyez, Messieurs, lorsque je vous disais que la loi actuelle classait les Electeurs Commerçants patentés en deux classes distinctes, c'est-à-dire en dignes et en indignes, je n'exagérais pas, et je vais essayer de vous le prouver par des chiffres que tous, vous pouvez contrôler en ce qui concerne par exemple les dernières élections à la Chambre de Commerce qui ont eu lieu le 8 Décembre 1896, dans toute la France.

Prenons comme exemple la Ville de Bordeaux, qui compte (comme j'avais l'honneur de vous le faire remarquer au commencement de ce travail, relatif aux élections consulaires,) 45,933 électeurs patentés, eh bien ! Messieurs, sur ce nombre de Commerçants honorables la loi n'en reconnaît que 2318 dignes d'élire les membres de la Chambre de Commerce. N'avais-je donc pas raison tout à l'heure de vous dire que la loi relative aux élections pour la Chambre de Commerce, classait ainsi les 45,933 Electeurs patentés commerçants du Département:

43615 indignes de voter et

2318   dignes et seuls capables de nous fournir

_____

45933

nos membres de la Chambre de Commerce !

Et, lorsque je vous aurai cité les paroles de l'honorable M. Le Bastard, Sénateur, rapporteur du Projet de loi de 1883, je ne doute pas que vous serez de mon avis et que vous espèrerez avec moi voir abroger une loi qui, comme l'a si justement dit M. Thiers blesse le sentiment du droit, est contraire au principe électif, base de nos institutions actuelles et met aux mains d'un nombre infiniment restreint de commerçants le privilège exhorbitant d'instituer les juges de tous les autres, et j'ajoute de **tous les Français.**

L'honorable Rapporteur du projet de loi s'exprimait ainsi :

« Il y a un grand almanach, le Bottin, dans lequel sont incristes toutes les adresses commerciales; devant les noms de ceux qui sont électeurs on voit figurer les lettres: N. C. c'est-à-dire Notable Commerçant.

J'ai reçu ces jours-ci un journal illustré dans lequel le portrait d'un de ces commerçants privilégiés était publié, au dessous était écrit:

NOTABLE COMMERÇANT.

En tête de l'article qui accompagnait cette gravure les mots **Notable Commerçant,** accompagnaient le nom de la personne à laquelle il était consacré. Ces faits sont journaliers, ils sont un exemple de ce qui se passe dans toute la France; Je vous demande s'il est juste, s'il est honnête, de laisser un tel privilège à ceux qui ont déjà le privilège de nommer leurs juges et de les laisser écraser leurs concurrents par la publicité qui est donnée à leur notabilité commerciale.»

En un mot, Messieurs, la loi qui est en vigueur ne tend à rien moins qu'à séparer tous les commerçants d'un pays en deux classes, d'un côté, les notables commerçants ou l'aristocratie, de l'autre la Plèbe;

il y a des gens qui ont le droit de nommer leurs juges ou les Membres de leur Chambre de commerce, et d'autres qui n'ont pas ce droit, il y a des gens qui ont le droit de s'intituler notable Commerçant à l'exclusion des autres.

Je crois que cette situation blesse profondément le principe de l'égalité auquel nous sommes tous attachés et que la Révolution Française a proclamé il y a plus d'un siècle!

A citer également l'opinion de l'honorable monsieur Batbie, Sénateur, qui s'exprimait en ces termes:

«La qualification de **Notable,** peut être non seulement une cause de considération, mais une cause de bénéfices. Les commerçants qui ne figurent pas sur la liste, sont par cela seuls placés dans un état d'infériorité officielle.

Les Préfets se sont le plus souvent servis de ce titre de Notable Commerçant, pour récompenser des services Politiques.»

Enfin, messieurs, je terminerai ces citations par une dernière opinion qui emprunte aux grands noms de ses auteurs une force morale considérable. Dans l'exposé des motifs du projet Thiers-Dufaure il est dit:

« Quelquefois pour rédiger la liste des notables on aurait eu recours à des choix et à des exclusions inspirés par des considérations totalement étrangères à la notabilité commerciale. »

En résumé, le système du suffrage universel est de tradition républicaine il a eu l'adhésion unanime de la Constituante de 1790, il a eu l'adhésion unanime de celle de 1848, il a pour lui, l'opinion de tous les

grands hommes d'opposition à l'Empire, (un projet de loi présenté par l'honorable Vice-Président du Sénat actuel, M. Magnin, en est la preuve.) Il a eu le patronage du Gouvernement de la Défense Nationale en 1870, et enfin comme je l'ai prouvé tout à l'heure celui de MM. Thiers et Dufaure.

J'ai terminé, Messieurs, il ne me reste plus qu'à faire passer sous vos yeux, par comparaison le texte de la loi du 8 Décembre 1883 relative à l'élection des juges Consulaires, et les articles que je voudrais y voir ajouter.

Le but de cette étude comme j'avais l'honneur de vous l'indiquer en commençant porte sur deux points qui me serviront de conclusion :

1° Elections consulaires par le suffrage universel de tous les citoyens.

2° Elections des membres de la chambre de Commerce par tous les commerçants patentés, et par conséquent suppression du titre de **Notable**.

Th. Stern.

LOI

actuellement en vigueur

Art. 1er — Les membres des tribunaux de commerce seront élus par les citoyens français commerçants patentés ou associés en nom collectif depuis cinq ans au moins, capitaines au long cours et maîtres de cabotage ayant commandé des bâtiments pendant cinq ans, directeurs des compagnies françaises anonymes de finance, de commerce et d'industrie, agents de change et courtiers d'assurances maritimes, courtiers de marchandises, courtiers-interprètes et conducteurs de navires institués en vertu des articles 77, 79 et 80 du code de commerce, les uns et les autres après cinq années d'exercice, et tous, sans exception, devant être domiciliés depuis cinq ans au moins dans le ressort du tribunal.

Sont également électeurs, dans leur ressort, les membres anciens ou en exercice des tribunaux et des Chambres de commerce, des chambres consultatives des arts et manufactures, les présidents anciens ou en exercice des conseils de prud'hommes.

Art. 16. — Lorsque, par suite de récusation ou d'empêchement, il ne restera pas un nombre suffisant de juges ou de suppléants, le président du

PROPOSITION

de LOI

Ayant pour objet l'abrogation des Articles 1er et 16 de la Loi du 8 Décembre 1883 et de compléter la dite Loi par les Articles 22 et 23.

Art. 1er — Les membres des Tribunaux de commerce seront élus par le suffrage Universel de tous les citoyens, jouissant de leurs droits électoraux.

Tous les électeurs seront éligibles aux fonctions de juges consulaires.

A cet cffet il sera créé des jetons de présence pour les juges consulaires, comme cela existe pour les membres des chambres de commerce.

Art. 16 — Lorsque par suite de récusation ou d'empêchementil ne restera pas un nombre suffisant de juges, ou que les parties en tribunal tirera au sort, en séance publique, les noms des juges complémentaires pris dans une liste dressée annuellement par le Tribunal.

Cette liste, où ne seront portés que des éligibles ayant leur résidence dans la ville ou, en cas d'insuffisance, des électeurs ayant légalement leur résidence dans la ville où siège le tribunal, sera de 50 noms pour Paris, de 25 noms pour les tribunaux de neuf membres, et de 15 noms pour les autres tribunaux.

Les juges complémentaires seront appelés dans l'ordre fixé par un tirage au sort, fait en séance publique par le président du tribunal, entre tous les noms de la liste.

cause en feraient la demande (ou même une seule des parties), le Président du Tribunal, tirera au sort, en séance publique, les noms des juges complémentaires, pris dans une liste dressée annuellement par le Tribunal et toutes les corporations qui devront y être représentées, et lorsqu'un cas spécial se présentera devant le tribunal, le président devra se faire assister avec voix consultative, mais non délibérante, par un des juges complémentaires appartenant à la corporation dont le litige ressortira.

Articles Complémentaires proposés

ARTICLE. 22

Quand par suite d'un trop grand nombre d'affaires, une Chambre ne suffira pas, le Président du Tribunal est autorisé à ouvrir une deuxième et au besoin, dans les grands centres commerciaux, Industriels ou maritimes, une troisième chambre, les procès devant être jugés aussi promptement que possible.

ARTICLE. 23

Tous les justiciables peuvent présenter leur défense, eux-mêmes, ou se faire représenter par une personne de leur choix, munie d'un pouvoir sur papier libre, pourvu que sa signature soit légalisée (gratuitement) par le maire ou le commissaire de police de son arrondissement.

Ces pouvoirs ne seront pas enregistrés.